What is 전도가 뭐예요?
전도의 열정에 불탔던 D.L. 무디

초판발행 2014년 05월 25일 | 글쓴이 이지영 | 그린이 이준희 | 펴낸이 이재승, 황성연 | 펴낸곳 하늘기획
주소 서울특별시 중랑구 상봉136-1 성신빌딩 지하 | 등록번호 제306-2008-17호 (2008)
ISBN 978-89-923-2046-7 03230 | 총판 하늘물류센타
전화 031-947-7777 | 팩스 031-947-9753

하루도 쉬지 않고 복음을 전한 전도자

전도의 열정에 불탔던
D.L.무디

이지영 글 / 이준희 그림

하늘
기획

D.L. 무디를
만나기 전에

여러분은 혹시 이런 고민이나 궁금증이 있지 않나요?

◆ 전도가 어려운데 좀 쉬운 방법은 없나요?

◆ 사랑하는 친구가 안 믿어요? 어떡하지요?

◆ 전도를 꼭 해야 하나요?

이런 고민이나 궁금점이 있다면 우리 오늘 잘 만난 거예요.
전도자 무디도 여러분과 비슷한 고민을 하며 기도했어요.
그러다가 하나님께서 응답주시는 전도에 눈을 뜨게 되었죠.
그 비밀이 무엇이냐고요?

우리 함께 하나님이 응답주시는 전도를 찾아볼까요?

전주에서 이지영

CONTENTS

마루와 무디

전도가 뭐예요?

이지영 글 / 이준희 그림 / 이인영 컬러

11

캬캬캬... 이제야 니들이 사람을 알아보는구나.

아차! 이럴 때가 아니지. 전도해야지.

자! 오늘 시범은 여기까지고 내 이야기 좀 들어볼래?

야~! 또 시작이다.

뭐가... ???

마루 형은 입만 열면 예수님 이야기하잖아.

어! 벌써 학원 갈 시간이 되었네요. 이만~

엄마가 빨리 오라고 하셔서...

저도...

너는 뭣 때문에?

저는... 배고파서요.

12

전도는 방법인가?

싸부라고
부를 때는
언제고 복음을
전하려니
도망을 가?
이 나쁜 녀석들!!

캇!

태권도는 배워도
말씀은 듣기 싫다
이거지...!
이런 된장~!!

도대체 전도는
어떻게 해야 하는 거지?

하앙~

태권도 시범

뭔가 효과적인
전도 방법이
있을 것도
같은데...

예수
믿으세요!

어~?
전도하는
소리네!
어디 가볼까?

14

선생님~! 질문이 있어요.

뭔데?

선생님은 유명한 전도자시잖아요. 어떤 방법으로 전도하셨나요?

나도 옛날에는 별의별 방법을 다 써 봤는데...

방법도 중요하지만... 더 중요한 것이 있단다.

전도는 생명이라는 거야!

생명이라고요? 그게.. 무슨 말씀이세요?

포도나무 가지가
포도나무에 붙어
있으면 저절로 열매를
맺는 것처럼

포도나무

가지

열매

예수님을 통해
하나님의 생명을
누리고 있으면
전도는 저절로
된단다.

요한복음
15장 말씀
이군요.

그런데 그 말씀은
예수님께만 붙어있어도
전도가 된다는
뜻인가요?

그렇지.
전도를 무조건
따라한다고 되는게
아니란다.
전도는 하나님이
이루시는 거란다.

예수님이 세우신 전도자!

그렇다면 성경을 통해 하나님이 쓰신 전도자를 살펴볼까?

좋아요!

꽉

예수님은 12제자를 세우셨는데 그중 갈릴리 어부들이 많았지.

예수님 만나기전 제자들

어느 날 어부들은 물고기를 잡으려고 밤새 수고했지만 한 마리도 잡지 못했어.

베드로

이런 된장! 내 어부 생활 20년에 이런 날은 처음이야!

털썩

안드레

헐? 뭘 좀 아시고 하는 말씀이세요?

요즘 같은 철에는 물고기가 얕은 곳을 좋아하죠.

과연 그럴까? 그러지 말고 한 번 해보시게.

좋수다! 선생 말대로 한 번 해보죠.

쿵

너~! 왜 그래? 그만 가자니까!

저분 눈빛을 봐. 딱 한 번이면 돼!

반짝

투덜 투덜

나도!

나는 빠질래.

21

그래서 어떻게 되었을까?

깊~은 데로 가서 그물을 던져라

크~ 그래. 베드로는 주님 말씀대로 깊은 곳에 그물을 던졌지.

자! 이제 그물을 끌어올려 볼까?

뭐가 있을라구. 또 허탕이지 뭐.

으읔!

23

이들은 그날로 배와 그물을 버리고 예수님을 따랐지.

그런데요 '사람 낚는 어부'가 뭐예요? 혹시..

그물로 사람 잡는 노예상인?

예~끼! 이놈아!

아얏! 사람을 낚는 다면서요.

그건 마귀에게 잡힌 운명에서 사람을 건져준다는 뜻이야.

아니~! 그럼... 전도자?!

그래! 예수님 말씀처럼 베드로와 요한은 하루에 3천 명씩 사람을 구원하는 전도자가 되었어.

자기 부인이 뭐죠?

내가 좋아하는 일이든 싫어하는 일이든 내 마음대로 안 하고 하나님의 뜻대로 순종 하는 거야.

그게 우리 힘으로는 되나요?

물론 안 되지. 그래서 기도하는 거야.

이 잔을 내게서 옮기시옵소서. 그러나 나의 원대로 마시옵고 아버지의 원대로 하옵소서 (마가복음14:36)

예수님도 십자가를 지기 싫으셨지만 하나님의 소원을 생각하며 3번이나 기도하셨어.

나의 원함이 아닌 아버지의 원함대로?

그게 바로 자기를 부인하는 기도이자 자기 십자가를 지는 거야.

27

정말 하나님의 소원이
제게 이루어지길
원해요!

아멘!

하지만... 기도하면
정말 그런 응답을
받게 될까요?

그래서 예수님이
부활하신 거야.

부활이
무슨 뜻이지?

다시
살아나셨다는
뜻이잖아요.

28

예수님은 지금도 살아 역사하셔! 너를 통한 하나님의 소원을 이루시려고!

살아 계신 주~ 나의 참된 소망!!

이럴 수가...

네가 예수님을 영접할 때 성령으로 임하시고, 예수 이름 부를 때 성령께서 인도하신단다.

그럼 전도도 성령님께서 인도하시겠네요?

그렇지! 이제 좀 알겠니?

그래도 제가 뭔가 해야 하지 않을까요?

예수님만 따르라니까!

아... 그래도 이 피끓는 청춘이...

29

30

하나님이 이루시는 전도!

여기가 어디에요?

쉿! 조용히 해.

파

팟

웅성

우~와! 모두들 기도하고 있네.

웅성

여기는 마가 다락방 이야.

속닥

마가 다락방 이라면...

♪부~울 같은 성령 임하셔~

아직은 니라구.

우…엉

탁

벌써 열흘째인데 소식이 없네. 휴~

도마, 예수님 말씀이 또 의심되나?

그건 아니구. 기다림이 힘들구만.

예수님이 몇 날이 못 되어 성령세례를 받으리라 하셨잖소.

누가 모른데~ 몇 날이... 벌써 열흘이라 그렇지.

옳소!

우리는 약속의 말씀을 믿고 따라야 해!

32

그래. 감정을 따르기보다 말씀을 따라가는 삶이지.

그게 성령 인도라 이거죠!

휘잉

드디어 약속이 성취되는구나!

무슨 약속이요?

둥~

우와~! 저게 뭐죠?

성령이 임하신 거야.

Jesus is the Christ!

イエスはキリストです

耶穌是基督

모두 예수가 그리스도이심을 전하는 거야.

이건 무슨 소리야?

그런데 왜 갑자기 외국어를 쓰죠?

15개 나라에 복음을 전하라고 방언을 주신거야.

엥? 외국어 방언도 있어요?

그럼. 저걸 잘 봐.

자신의 죄를 고백하고 그리스도 이름으로 세례를 받으십시오.

그렇다면 여러분도 우리처럼 성령을 선물로 받을 것입니다.

하나님! 제가 예수를 못박으라 외친 죄인입니다. 용서하소서.

예수 이름으로 나에게 세례를 베풀어 주시오.

나도! 나도!

봤지? 제자들이 전도를 위해 무엇을 했니?

... 없네요! 아무 것도...!

그래서 전도는 생명이라니까!

정말 놀라워요!
단지 십자가 지신
예수님 말씀을 따라
예수님 이름으로
기도했는데...

성령이
임하시니까
준비된
사람들에게
복음이 전달되고

영접과 세례의
역사가 우와..
이게 모두 몇 명이야.
하나, 둘, 셋.....

삼천 명!

척

정말
사람 낚는
어부네요!

그러니까 전도 이전에
먼저 예수님의 약속을
믿고 성령 충만을
누리렴.

이제야
전도의 비밀을
알 것 같아요!

정말 전도는
하나님이 하시는
것이군요.

물론이지!
하나님은 너를 통해
세계복음화를 이루시는
거란다.

40

하루도 쉬지 않고 복음을 전한 전도자

D.L.무디

(Dwight Lyman Moody) 1837 - 1899

이지영 글 / 김도형 그림

가난한 어린 시절

1837년 2월 5일 무디는 미국 매사추세츠의 노스필드에서 태어났어요. 그의 부모님은 청교도 집안의 후손으로 믿음이 좋은 분들이었어요.

무디는 7남매 중 6째로 태어나서 부모님과 형제들의 사랑을 받고 자랐어요. 하지만 그의 행복은 그리 길지 않았어요. 무디가 4살 때 아버지가 갑작스레 돌아가시고 말았거든요.

또한 아버지의 사업 실패로 인해 전 재산이 빚쟁이에게 넘어 갔어요. 그런 중에 어머니는 7째 동생, 그것도 쌍둥이를 낳으셨어요. 이웃들은 무디의 어머니에게 자녀를 입양 보내라고 권했어요. 하지만 그녀는 내가 살아 있는 한 그럴 수 없다고 거절하셨죠.

그 이후로 어머니는 최선을 다하며 기도와 사랑으로 자녀들을 기르셨어요. 하지만 어쩔 수 없는 가난으로 무디는 초등학교를 졸업하고 일하러 나가야 했답니다.

16살이 되자 무디는 더 이상 가난이 싫었어요. 그리고 모든 일이 귀찮아졌어요. 주일에 예배드리는 것도 싫었어요. 그가 예배시간에 자주 졸자 엄마가 한 마디 하셨어요.

"무디야 예배시간에 잠만 자면 어떡하니?"

"목사님 설교가 제겐 자장가로 들리던데요."

무디는 어서 고향을 떠나 큰 도시로 가서 부자가 되고 싶었어요.

만남의 축복

17살이 된 무디는 고향을 떠나 대도시인 보스턴으로 갔어요.
하지만 일자리를 구하기가 무척 어려웠어요.

그래서 그는 외삼촌 사무엘을 찾아갔어요. 삼촌은 그곳에서
구두 가게를 운영하고 계셨어요.

"일자리를 구한다고?"

"예 삼촌, 제게 기회를 주시면 열심히 일하겠습니다."

잠시 무디를 쳐다보던 삼촌은 한 가지 조건을 말씀하셨어요.

"무디야 여기서 일하고 싶으면 매주 주일학교를 다니거라!"

어쩔 수 없이 무디는 교회에 다녀야 했어요.

믿는 집안에서 태어났지만 구원의 확신도 없고 성경도 잘 모르는 무디는 주일학교에 적응하지 못했어요.

그런 무디를 주일학교 선생님인 에드워드 킴볼은 관심 있게 지켜보았어요.

그러던 어느 날

무디가 일하는 가게에

반가운 손님이 찾아왔어요.

"어? 안녕하세요! 킴볼 선생님."

킴볼은 환한 미소를 지으며 무디에게 말했어요.

"무디야, 너는 예수님이 왜 이 땅에 오셨는지 아니?"

"오셨다는 말씀은 들었지만 그 이유는 모르겠어요."

"예수님은 우리의 죄와 저주를 해결하시려고 오셨어."

"어떻게 죄와 저주가 해결되지요?"

"아담과 하와가 사단에게 속아 하나님 말씀을 놓친 이후로 모든 사람은 하나님 떠난 상태로 태어나게 되었단다. 그래서 우리 모두는 죄인이란다. 하나님은 이런 우리를 사랑하셔서 하나님의 아들 예수님을 이 땅으로 보내셨지.

죄 없으신 예수님은 십자가에서 피 흘려 죽으심으로 우리의 죄를 끝내셨어. 또한 우리와 영원히 함께 하시려고 부활하셨지.

그래서 누구든지 이 예수님을 구주로 영접하면 하나님의
자녀가 된단다.
　무디야! 너도 예수님을 너의
　그리스도로 영접하지 않겠니?”

　무디는 그 날 예수님을 영접함으로 하나님의 자녀가 되는
구원을 얻었어요.

“우리는 다 양 같아서 그릇 행하여 각기 제 길로 갔거늘
여호와께서는 우리 모두의 죄악을 그에게 담당시키셨도다”

(이사야53:6)

하나님 자녀로 거듭난 무디에게 놀라운 변화가 일어났어요.
설교시간마다 졸던 그는
말씀을 경청하며 은혜를 받았어요.
이런 모습은 담임 목사님의 눈에도
띌 정도였어요.

어느 날 목사님이 무디를 불렀어요.
"그동안 자네가 겪은 하나님의 은혜를 간증해보는 건 어떤가?"
　목사님의 권유로 무디는 예수 그리스도를 만난 후 변화된 삶을
교회에서 간증했어요. 무디의 간증을 들은 많은 성도들이 은혜를
받았어요. 그는 그 후로 종종 간증하게 되었어요.

　이를 통해 무디는 많은 사람 앞에서 말씀을 전하는 훈련을
하게 되었어요. 하나님은 하루하루 무디를 전도자로 준비시키고
계셨던 거예요.

어린이 선교회

1856년 9월 무디는 더 큰 사업의 꿈을 펼치기 위해 시카고로 왔어요. 하지만 사업만큼 그에게 중요한 것은 전도였어요.

무디는 어느 날 길을 걷다가 "어린이 선교회" 라는 간판을 보았어요. 그 순간 무디의 마음이 뜨거워졌어요. 어린이 선교회는 지역의 아이들에게 복음을 전하는 주일학교였어요.

무디는 교장 선생님을 만나 자신도 학급을 맡고 싶다고 했어요. 하지만 그 학교는 학생이 16명에 선생님이 12명으로 가르칠 아이가 모자랐어요. 결국 무디는 가르칠 아이들을 스스로 전도해야만 했어요.

그때부터 무디는 거리에 다니는 아이들을 모아놓고 그만의 독특한 전도를 했어요. 지팡이를 던져 뱀을 만든 모세 이야기, 바람에 갈라진 바다를 건넌 사람들의 이야기, 풀무불 가운데 던져졌어도 머리카락 하나 타지 않았던 세 친구 이야기, 기도로 태양을 멈추고 싸웠던 여호수아 이야기 등 무디가 전하는 말씀을 듣고 많은 아이가 교회로 몰려왔어요.

첫 주에는 18명이 찾아왔고 얼마 지나자 수 백 명이 참석하게 되었어요. 그리고 2년이 지나자 아이들의 수는 1,500명에

이르렀어요. 교회의 예배당은 아이들로 차고 넘쳤어요. 나중에는 근처의 빈 술집을 빌려 공과 수업을 진행해야만 했어요.

결국 무디는 6년 만에 커다란 건물 두 동의 어린이 선교회

를 움직이는 중요한 책임자가 되었어요. 그 당시 성경을 배우는 학급의 숫자는 80개가 넘었고, 전체 교사만 해도 1백 명이 넘었어요.

사업가의 꿈을 버리다

사실 무디는 신학을 배운 적이 없고 목사님도 아니었어요. 오히려 그는 구두 업계에서 인정을 받는 유능한 판매원이었어요. 그가 맡은 회사와 매장은 모두 놀라운 매출을 거두었어요. 회사마다 높은 월급을 줄테니 영업을 맡아달라고 부탁할 정도였지요. 결국 그는 23살이란 젊은 나이에 커다란 회사 전체의 운영을 맡는 책임자가 되었어요. 문제는 시간이었어요. 회사일이 바빠지자 주일학교 아이들을 돌보는 시간이 부족했어요. 무디는 주일에만 아이들을 돌본 것이 아니라 매일 저녁 기도회와 성경공부

모임을 열어 아이들을 돌보았어요. 낮에 잠깐 빈 시간이라도 생기면 나오지 않는 아이들을 심방 가기도 했어요.

그는 두 가지 일로 힘들었지만 헌신하는 일을 그만 두진 않았어요. 그러던 어느 날 놀라운 체험을 하게 되었어요. 중학교 여학생 반을 맡고 있던 어느 여선생님이 병으로 나오지 못하자 무디가 임시로 그 반을 맡았어요. 하지만 그 여학생들은 정말로 심각한 문제아였어요. 경험과 인내심이 많은 그였지만 다시는 맡고 싶지 않은 학생들이었어요. 그런데 그 반 담임 선생님이 무디에게 찾아왔어요. 그분은 병세로 인해 고통스러웠지만 더 큰 고통이 있다고 말했어요. 그 고통이 무엇이냐고 묻자 이런 대답을 했어요. "저는 제가 맡은 아이들에게 그리스도를 제대로 전해 본 적이 없습니다. 그들에게 유익을 주기 보다는 해를 끼친 것 같아 괴롭습니다." 그녀의 말은 무디에게 충격을 주었어요. 무디 역시 아이들에게 성경을 열심히 가르쳤지만 모으는데 힘썼지 그리스도께로 인도하기를 힘쓰지는 못했거든요. 무디가 그녀에게 말했어요. "선생님, 이제라도 그리스도를 전해보면 어떨까요? 원하시면 제가 함께 가겠습니다." 무디는 열흘 동안 그녀와 함께 기도하며 심방을 다녔어요. 그 기간 동안 무디는 하나님의 놀라운 역사를 보았어요. 그 심각한 문제아들이 모두 순순히 예수님을 영접하고 구원을 얻게 된 거예요. 그 일로 무디는 전도에 새롭게 눈을 뜨게 되었어요. 그리고 더 이상 돈 버는 일에 관심이 없어졌어요. 마귀에게 잡힌 영혼을 예수님께로 인도하는 일이 얼마나 영광스럽고 즐거운 일인지를 알았기 때문이에요. 결국 무디는 사업가의 꿈을 버리고 그리스도의 일에 전적으로 헌신하는 결단을 내렸어요. 그리고 아무리 바빠도 하루에 한 명에게라도 예수님을 전하는 실천사항을 세우고 지켜나갔답니다.

하나님은 이런 무디에게 놀라운 전도의 응답을 주셨어요. 주일학교 뿐만 아니라 청년회, 남선교회, 여선교회 등 그가 이끄는 모임은 갈수록 구원과 부흥의 역사가 넘쳐났어요. 그의 소문은 시카고와 미국 전역으로 퍼져나갔고 심지어 영국에서도 집회를 인도해달라는 요청을 받았어요. 그가 가는 곳마다 수백 수천 명의 사람들이 모여들었고 구원과 부흥의 역사가 일어났어요.

복음성가 가수 쌩키

복음을 전하는 부흥사 무디에게 하나님은 귀한 선물을 주셨어요. 그것은 바로 복음성가 가수 생키와의 만남이에요. 무디는 일찍이 찬송의 능력을 알고 있었어요. 찬송은 무감각한 사람들의 심령을 움직일 수 있기 때문이지요. 그래서 무디는 사역을

시작하면서 8년 동안이나 찬송을 이끌어줄 동역자를 놓고 기도했어요. 원래 생키는 남부럽지 않은 세무 공무원이었어요. 그러다가 함께 전도팀에 헌신하자는 무디의 요청을 받고 몇 개월을 고민했어요. 하지만 그는 무디의 사역에 합류하였고 무디가 죽는 날까지 함께 전도를 다닌 동역자가 되었어요.

무디와 생키는 영국과 스코틀랜드, 아일랜드 등지를 돌며 말씀과 찬양으로 부흥집회를 열었어요. 어느 집회를 가든 무디가 말씀을 준비하고 있으면 생키가 먼저 찬양을 했어요. 생키의 찬양에 많은 사람이 모이면 무디가 나와 그리스도가 하신 일을 담대히 전했지요. 그리고 다시 생키가 나와 특별찬양을 드리면 많은 사람이 감동되어 예수님을 영접하였답니다. 무디와 생키는 하나님의 나라 확장을 위한 멋진 콤비였어요.

평생을 주일학교 운동에 힘쓴 무디에게는 많은 제자가 따랐어요. 제자들은 모두 무디의 전도 운동에 동참했고, 그들 중 많은 제자는 선교사가 되어 중국과 아프리카 등 세계 각지로 복음을 전하러 떠났어요. 지금도 그가 세운 학교와 신학교에서는 많은 전도자가 배출되고 있어요.

40년 동안 그가 미국과 영국을 오가며 그리스도께로 인도한 사람의 수는 무려 백만 명이 넘어요. 하나님은 1899년 12월 22일 생명조차 아끼지 않고 복음을 전하던 그의 발을 쉬게 하셨어요. 무디는 죽기 전 이런 말을 남겼답니다.

"어느 날 제가 죽었다는 소식을 신문에서 읽게 될 것입니다. 그러나 그 말을 믿지 마십시오. 육신으로 태어난 것은 죽지만 영으로 태어난 것은 영원히 사는 것입니다."

그는 그의 죽음조차도 영적 사실을 전하는 전도로 만들었 답니다.

함께 생각해 봐요

여러분 주변에 예수님을 믿지 않는 사람이 많지 않나요?
내가 정말 사랑하는 부모님, 할머니, 친한 친구들.
모두 나에게 소중한 사람들인데 예수님을 모른다면 어떤 상태일까요?

별 문제 없는 것 같지만

사실은 죄와 사단에게 잡혀 있는 거예요.
그대로 살면 지옥 같은 삶을 살다가 영원한 지옥에 가게 돼요.
하나님은 모든 사람이 구원을 받고 진리 되신
예수님을 알기 원하셔요. (디모데전서 2:4)

여러분은 어떻게 해야 이들을 전도할 수 있을까 고민한 적 있나요?

그게 바로 영혼을
사랑하는 전도자의
마음이에요.

무디는 예수님을 영접하고 구원 받은 후

성령의 인도를 받았어요.
매주 예배를 통해 말씀을 듣고,
들은 말씀을 매일 기도하며 예수님을 찬양했어요.
이처럼 매일 예수 생명을 누리던 무디가 큰 응답을 받았죠.

그게 뭐였죠?

그래요. 전도 응답이었어요.

여러분도 사랑하는 사람을 살리는
전도 응답 받고 싶죠?

그렇다면 먼저 사랑하는
사람들의 이름을 적고
매일 이렇게 기도하세요.

예수님은 제가 사랑하는 ○○의 구세주요 그리스도이십니다!
예수님은 오늘 저를 통해 ○○에게 복음을
전하게 하실 수 있습니다!
오늘도 저에게 복음의 말씀을 주시고
담대히 전할 믿음을 주세요!
예수님의 이름으로 기도합니다.
아멘!

그리고 예배 때마다

말씀을 정리하면서 복음 전할 내용을 준비하세요.
하나님은 무디에게 수 천 수 만의 영혼들을 붙여주셨듯이
예수 생명을 누리며 복음의 말씀을 준비하는 여러분에게
전도의 문을 열어주실 거예요.

21세기를 살리는 대한민국의 무디가 되기를
살아계신 예수님의 이름으로 축복합니다!

Story plus

에피소드 no. 1

술주정뱅이

이지영 글 / 이준희 그림 / 이인영 컬러

무디에게는 하루에 한 사람씩 꼭 전도한다는 원칙이 있었습니다.

아이쿠~!
오늘은 너무 바빠서 전도를 못했네...!

몇 시간이 지나도 잠이 오질 안네!

안되겠다!

옳지!
하나님이 예비한 사람이 저기 있군!

예수님을 아시나요?

'What is' 시리즈 전 8권 완간!

1. 토마스 - 선교가 뭐예요?
2. 조지 카버 - 성경이 뭐예요?
3. 조지 뮬러 - 기도가 뭐예요?
4. C.S. 루이스 - 믿음이 뭐예요?
5. 리빙스턴 - 헌금이 뭐예요?
6. D.L. 무디 - 전도가 뭐예요?
7. 화니 크로스비 - 찬송이 뭐예요?
8. 에릭 리들 - 예배가 뭐예요?

위대한 신앙의 사람들을 통해 배우는
선교, 성경, 기도, 믿음,
헌금, 전도, 찬송, 예배 시리즈!

자녀들이 꼭 알아야 할 신앙의 기본 상식들을
알기 쉬운 만화로 재미있게 풀었습니다.

밀알 하나의 아름다운 순종으로 많은 결실을 맺은

한국 최초의 선교사
토마스

이지영글 김도형그림
4,000원

성경 말씀대로 땅을 정복하고 다스린 과학자

경제를 살린 땅콩박사
조지 카버

이지영글 김도형그림
4,000원

방탕한 사람에서 기도의 사람이 된 목회자

고아의 아버지
조지 뮬러

이지영글 이준희그림
4,000원

의심의 사람에서 믿음의 사람이 된

나니아 연대기를 쓴
C.S.루이스

이지영글 김찬영그림
4,000원

아프리카를 개척한 선교사

가난해도 가장 많이 헌금한
리빙스턴

이지영글 이준희그림
4,000원

하루도 쉬지 않고 복음을 전한 전도자

전도의 열정에 불탔던
D.L.무디

이지영글 이준희그림
4,000원

알 수 없는 허전함에서 찬송할 이유를 찾은 시인

찬송의 여왕
화니 크로스비

이지영글 이준희그림
4,000원

주일예배 때문에 금메달을 포기한 육상선수

승리의 예배자
에릭 리들

이지영글 이준희그림
4,000원

무디와 함께 배우는 전도자의 삶

안녕, 나는 무디야.

어렸을 적 나는 식구와 배불리 먹는 것이 소원이었어.

그래서 나는 대도시로 나가 열심히 구두를 팔며 돈을 벌었지.

노력의 대가로 나는 많은 돈을 벌 수 있었어.

하지만 내게 더 큰 기쁨을 준 것은 예수님과 전도였어.

나를 구원하시려고 십자가에 죽으신 예수님을 전하고 싶었어.

구두를 팔듯이 밖에 나가 아이들에게 성경 말씀을 전했어.

노력의 대가 때문이었는지 아이들이 몰려들었어.

그런데 문제는 아이들이 구원의 확신도, 변화도 없었다는 거야.

그러던 어느 날 진짜 전도가 무엇인지를 발견하게 되었어.

그때부터 내 인생에 진짜 전도가 시작되었지.

친구야! 너도 하나님께서 하시는 전도를 맛보지 않을래?

자! 이런 친구들은 모두 모두 모여라!

- 전도가 무엇인지를 알고 싶은 친구
- 하나님의 가장 큰 소원인 세계복음화의 주역이 되고 싶은 친구

03230

9 788992 320467

ISBN 978-89-92320-46-7

Printed in Korea　값 4,000원

주일예배 때문에 금메달을 포기한 육상선수

승리의 예배자

에릭 리들

이지영 글 / 이준희 그림

What is

예배가
뭐예요?

하늘
기획